Hubert Nickels

KOHL *gemüse*

Lieblingsrezepte aus dem KOHLOSSEUM

Fotografiert von Günter Pump

Husum

Delikatesse Kohl

Was der Wesselburener Krautmeister alle Jahre wieder an neuen Gerichten bietet, ist so, dass man sie gerne mal selbst probieren möchte. Viele Hausfrauen und kochende Männer schätzen es, ihren „Nickels" im Küchenschrank zu haben. Mit der aktuellen Sammlung seiner Lieblingsrezepte aus dem KOHLosseum zeigt der gelernte Lebensmitteltechniker einen Weg, die Vielseitigkeit des Dithmarscher Kohlgemüses neu zu entdecken, nachzukochen und zu schmecken.

Drei Viertel des Kohls in Deutschland stammen aus heimischem Anbau. Er muss nicht importiert werden und schont wegen der kurzen Wege auch noch die Umwelt. Die Region Dithmarschen ist mit über 2800 Hektar Europas größtes geschlossenes Kohlanbaugebiet, in dem jedes Jahr bei allerbestem Nordseeklima rund 80 Millionen Kohlköpfe gedeihen – statistisch gesehen kommt auf jeden Bundesbürger also ein Kohlkopf. Die natürlichen Voraussetzungen in den fruchtbaren Seemarschen am Rande des einmaligen UNESCO-Weltnaturerbes Wattenmeer sind optimal: Die Bodenqualität ist hoch, die Niederschlagsmenge ausreichend und der Seewind macht es Kohlschädlingen schwer, in Dithmarschen zu landen und die Ernte zu gefährden. Im feuchten, milden Küstenklima zwischen Elbe und Eider gedeiht der Kohl fast ohne Düngemittel.

Es war ein langer Weg vom aufgewärmten Allerweltsgemüse Kohl zur gefragten kulinarischen Delikatesse. Das älteste vom Menschen genutzte Blattgemüse ist kalorienarm, reich an Vitamin C („Zitrone des Nordens") und B sowie den Mineralstoffen Kalium, Kalzium und Eisen. Die „Vitaminbombe für jede Jahreszeit", vulgo Kohl, macht satt und fit, aber nicht dick und träge.

Schon die alten Griechen führten auf ihren Kriegszügen immer Kreuzblütler-Gewächse mit sich: zum einen, weil die Köpfe ein gut haltbares Lebensmittel waren, und zum anderen, weil ihre Blätter als Verbandsmaterial dienten. Ohne Sauerkraut hätten Kapitän Cook und seine Matrosen die Südsee nicht bereisen und Max und Moritz die Witwe Bolte nicht ärgern können. Aber das sind, mit Verlaub, andere delikate Kohl-Geschichten.

Die Grenze des Heiligen Römischen Reiches unter Karl dem Großen und seinen Nachfolgern endete an jenem Fluss, der Dithmarschen von den Nordfriesen trennt und nur wenige Kilometer von Wesselburen entfernt ist, der Eider. Bis hierher war die von Karls Sohn, Ludwig dem Frommen, verfasste Landgüterverordnung, die „Capitulare de Villis", Gesetz. Zur Zeit des Franken ernährte sich die Landbevölkerung in erster Linie von Getreide. Getreide wurde zum Brotbacken verwandt und als „Muas" gekocht gegessen.

Da es auf dem Speiseplan der Landbevölkerung kaum Abwechslung gab – Fisch und Wild waren dem Adel vorbehalten –, kam es seinerzeit bei den Bauern zu ernährungsbedingten Mangelerscheinungen. Hier nun sorgte der fromme Franke für Änderung. In Zukunft sollte zu Brot und „Muas" auch „Gemuas" aus eigenem Anbau auf den Tisch kommen, das Gemüse. Im Jahr 812 schlug auf dem Verordnungsweg die Stunde der Bauerngärten. Die ersten Obstgehölze und Gemüsekulturen wurden quasi mitteleuropaweit für die ausgewogene regionale Selbstversorgung der fränkischen Untertanen aufgestellt. Karl und sein Sohn verordneten dem Volk neben Dill, Gurken, Möhren und Liebstöckel sowie anderen Kulturpflanzen auch „caulos", den Kohl.

Die Franken hatten den Kohl in die Region gebracht. Der Wesselburener Gärtner Eduard Lass exportierte ihn aus der Region in die Metropolen. Und dann kam Krautmeister Hubert Nickels. Ihm hat seine bundesweite TV-Präsenz als der Experte in Sachen Kohl den Titel „Sauerkrautpapst" eingebracht. „Kohlgemüse" aus der Feder von Hubert Nickels ist dennoch kein belehrendes Rundschreiben, keine Enzyklika, es ist ein handliches Buch über ein delikates Thema: die heutige Dithmarscher Küche mit Rezepten.

Bernhard von Oberg

Krautsalat

300 g Weißkohl fein in Streifen geschnitten, 1 EL Salz, 2 Blätter Kapuzinerkresse in feinen Streifen, 50 g Sellerie, 100 g Möhren, 100 g Lauch, 100 g Steckrübe in Streifen, 1 Zwiebel, 5 Radieschen, 1 EL Salz, 2 Eigelb, 1 EL Senf, 2 EL Öl, 2 EL Essig oder Zitronensaft, Pfeffer aus der Mühle, Zucker nach Geschmack. Blüten und einige Blätter der Kapuzinerkresse zum Garnieren.

Den Weißkohl mit dem Salz 5 Minuten kneten, die restlichen Gemüsezutaten unterheben und etwa 60 Minuten ziehen lassen.
Eigelbe und Senf mit den restlichen Zutaten zu einer Soße rühren und unter den Salat heben.
Mit Kapuzinerkresseblüten garnieren.

Blumenkohlsalat

1 kleiner Blumenkohl, 200 g grüne Bohnen, helle Balsamico-Creme, Nussöl, Salz, Pfeffer, Zucker, 2 Scheiben Mischbrot, 1 Knoblauchzehe, Butter, 2 EL Pistazien, 1 Zweig Estragon.

Den Blumenkohl in kleine Röschen zerteilen, die Bohnen in kleine Stücke schneiden. Blumenkohl und Bohnen getrennt blanchieren. Brotscheiben entrinden und in Stücke schneiden. Mit der fein geschnittenen Knoblauchzehe in Butter leicht rösten. Die Pistazien ohne Öl anrösten und leicht salzen.
Aus 2 EL Balsamico, 2 EL Öl, 2 EL Kochwasser, Salz, frisch gemahlenem Pfeffer, Zucker und klein geschnittenen Estragonblättchen eine Marinade rühren.
Den Blumenkohl, die Bohnen und die Pistazien zusammen mit den Brotstückchen anrichten. Die Marinade über das Gemüse geben.

Heikes und Huberts Landpartie-Salat

450 g Dithmarscher Frischekraut, 100 g frisch geraspelte Möhren, 100 g gewürfelte Gewürzgurken, 12 g Salatkräuter (Petersilie, Schnittlauch, Zwiebeln), frisch oder als TK-Ware, 2 EL Rapsöl, 2 EL frisch gepresster Zitronensaft, 2 EL flüssiger Bienenhonig, 1 TL Kräutermischung aus dem KOHLOSSEUM.

Das Sauerkraut auf einem Schneidebrett mit einem Messer klein schneiden. Die geraspelten Möhren, Gurkenwürfel, Salatkräuter, Rapsöl, Zitronensaft, Bienenhonig und die Kräutermischung dazugeben. Alles gut durchmischen und als Salat servieren.

Rohkostsalat mit Orangen

2 Orangen, 1 kleiner Rotkohl, 1 kleiner Kohlrabi, 2 Möhren, 4 EL Olivenöl, 5 entsteinte Datteln, 1 gestr. TL Meersalz, Pfeffer, einige Zweige Thymian.

Orangen filetieren, Saft auffangen. Den Rotkohl in feine Streifen hobeln. Das Öl und den Saft der Orangen hinzufügen und mit Meersalz und Pfeffer abschmecken. Den Kohlrabi in Scheiben hobeln, mit den in Scheiben geschnittenen Möhren zum Salat geben.

Die Datteln in kleine Stücke schneiden und mit den Orangenspalten auf dem Salat verteilen.

Vor dem Verzehren mit fein gehackten Thymianblättchen bestreuen.

Jiaogulan-Salat

450 g Dithmarscher Frischekraut, 100 g gewürfelte Gewürzgurken, 80 g Ananas, 2 EL Küchenkräuter (Petersilie, Schnittlauch, Zwiebeln), 12 g Salatkräuter, Jiaogulan-Blätter.

Marinade: 2 EL Sonnenblumenöl, 2 EL Bienenhonig, 1 EL Apfelessig, 1 TL KOHLOSSEUM-Kräutermischung.

Das Sauerkraut auf einem Schneidebrett mit einem Messer klein schneiden. Die gewürfelten Gurken, die zerdrückte Ananas, gehackte Küchenkräuter, Salatkräuter und 1 EL frisch gehackte Jiaogulan-Blätter dazugeben. Alles gut durchmischen.

Für die Marinade das Sonnenblumenöl, Bienenhonig, Apfelessig und die Kräutermischung gut mischen und etwa 60 Minuten kühl stellen.

Würziger Sauerkraut-Salat

450 g Dithmarscher Frischekraut, 3 kleine Zwiebeln, 100 g schwarze Oliven ohne Stein, 175 g Rosinen, 4 Tomaten, $^{1}/_{2}$ Bund Petersilie.

2 EL Senf, 2 EL Rapsöl, 1 EL Zitronensaft, etwas Zucker und Salz.

Das Sauerkraut auf einem Schneidebrett mit einem Messer klein schneiden. Die Zwiebeln abziehen, mit den Oliven klein hacken. Mit den Rosinen unter das Sauerkraut mischen.

Für das Dressing den Senf mit dem Öl, Zitronensaft, Zucker und Salz kräftig verrühren. Mit dem Sauerkraut vermischen.

Petersilie waschen, trocken schütteln und fein hacken.

Tomaten waschen, vierteln und mit der Petersilie locker unter den Salat mischen.

Rosenkohlsalat

500 g Rosenkohl, Salz, 1 kleine Zwiebel, 50 g entsteinte schwarze Oliven, 4 Tomaten, 2 Zweige Oregano, 100 g Frühstücksspeck in Scheiben, Pfeffer, 1 EL Zitronensaft, 4 EL Weißweinessig, 8 EL Olivenöl, 150 g halbfester Schafskäse.

Rosenkohl putzen, die Blättchen so weit wie möglich ablösen. Die Kohlköpfchen in kochendem Salzwasser 5 Minuten garen, die Blätter nur 2 Minuten. Alles eiskalt abschrecken.

Die Zwiebel fein würfeln und die Oliven vierteln. Die Tomaten putzen und achteln. Die gewaschenen Oreganoblättchen abzupfen und fein hacken.

Den Speck in kleine breite Streifen schneiden. In eine kalte Pfanne legen und diese erhitzen, bis der Speck darin knusprig gebraten ist.

Aus Salz, Pfeffer, Zitronensaft, Essig, Oregano und Öl eine Marinade rühren. Den Schafskäse grob zerbröseln.

Den Rosenkohl mit Zwiebel, Tomaten, Oliven und der Marinade mischen. Beim Servieren Schafskäse und Speck darüberstreuen.

Wirsingsalat auf Räucherlachs mit Nordseekrabben

200 g Wirsing, 200 g Räucherlachs, 50 g Nordseekrabbenfleisch, 100 g Crème fraîche, Cayennepfeffer, Salz, Zucker, 1 EL Zitronensaft, Baguettebrot, $^1/_2$ Bund Dill.

Den Wirsing in gröbere Streifen schneiden und in leicht gesalzenem Wasser blanchieren, kalt abschrecken und abtropfen lassen. Die Streifen in mundgerechte Stücke schneiden.

Crème fraîche mit Cayennepfeffer, Salz, Zucker, Zitronensaft und gehacktem Dill verrühren.

Den Räucherlachs auf Tellern verteilen. In der Mitte den geschnittenen Wirsing anrichten und darauf die Nordseekrabben verteilen. Mit einem Klecks Crème fraîche, gehacktem Dill und Dillzweig garnieren.

Mit warmem gerösteten Baguette servieren.

Dreierlei Blumenkohl

Je 1 kleiner weißer, grüner und violetter Blumenkohl, 30 g Butter, 20 g frisch geriebenes Weißbrot, 1 hart gekochtes Ei, $^1/_2$ Bund Petersilie, Salz.

Den Blumenkohl in Röschen zerteilen und in einem Dampfeinsatz über Salzwasser bissfest garen.

Die Butter zerlassen, das geriebene Weißbrot darin goldgelb rösten. Das fein gehackte hart gekochte Ei mit 2 TL gehackter Petersilie und einer Prise Salz zugeben.

Zu den abgetropften Blumenkohlröschen auf Tellern anrichten.

Brokkolitaler mit KOHLOSSEUM-Kräuterkäse

500 g Brokkoli, 1 Ei, 2 altbackene Brötchen, 150 ml Sahne, 1 Eigelb, 200 g KOHLOSSEUM-Kräuterkäse, Butter, Salz, Pfeffer.

Den Brokkoli in leicht gesalzenem Wasser weich kochen, abschrecken und abtropfen lassen. In einem Mixer zusammen mit dem Ei fein pürieren. Mit Salz und Pfeffer würzen.

Die Brötchen reiben, die Brokkolimasse damit festigen und diese auf einem gebutterten Blech ungefähr 1,5 cm dick verteilen. 100 ml Sahne steif schlagen und dann das Eigelb unterziehen. Den Kräuterkäse fein reiben und 150 g mit der restlichen Sahne bei kleiner Hitze schmelzen.

Aus der Brokkolimasse mit einem Ausstecher Kreise ausstechen, auf ein gebuttertes Backblech legen und bei 175 °C im Backofen erhitzen.

Die Käsesahne mit der Sahne-Eigelb-Mischung aufwallen lassen, abschmecken, auf vorgewärmte Teller verteilen und die Brokkolitaler und den restlichen Käse anlegen.

Blumenkohl auf Deichlammschinken

2 kleine Blumenkohlköpfe, Salz, 4 EL Nussöl, 4 EL Apfelessig, 1 TL Bienenhonig, 2 EL gehackte Nüsse, bunter Pfeffer, etwa 400 g Deichlammschinken, Kapuzinerkresseblüten zum Garnieren.

Blumenkohl im Salzwasser etwa 10 Minuten kochen. Nussöl, Apfelessig und Bienenhonig mit $^1/_4$ l Kochwasser verrühren, den heißen Blumenkohl hineinlegen und unter Wenden lauwarm abkühlen lassen.

Den Blumenkohl halbieren und rundum mit gerösteten Nüssen und buntem Pfeffer aus der Mühle bestreuen.

Den Blumenkohl auf dem Deichlammschinken anrichten, mit Kapuzinerkresseblüten garnieren.

Rosenkohlsuppe

500 g Rosenkohl, 100 g durchwachsener Speck, 1 Zwiebel, Salz, Pfeffer aus der Mühle, geriebene Muskatnuss, 1 l heiße Fleischbrühe, 1 große rohe Kartoffel, 2 EL Crème fraîche, Schnittlauch.

Rosenkohl putzen und waschen, Strünke und welke Blätter entfernen. Einige frische Blätter ablösen und zum Garnieren beiseite legen. Die Köpfe vierteln. Den Speck in Streifen schneiden. Die Zwiebel schälen und fein hacken.
Den Speck knusprig ausbraten, herausnehmen. Den Rosenkohl im heißen Fett anbraten, die Zwiebeln einrühren und glasig dünsten. Mit Salz, Pfeffer und Muskat würzen, die heiße Brühe angießen. Zugedeckt etwa 20 Minuten bei milder Hitze köcheln.
Die gewaschene Kartoffel schälen. Rosenkohl im Topf pürieren und die fein geriebene Kartoffel einrühren. Alles nochmals etwa 10 Minuten köcheln. Die Rosenkohlblättchen in Salzwasser kurz blanchieren.
Die Suppe mit Salz, Pfeffer und Muskat abschmecken, die Crème fraîche einrühren. Den Schnittlauch in Röllchen schneiden, mit dem Speck und den Rosenkohlblättchen auf die Suppe streuen.

Rotkohlsuppe mit Grießklößchen

1 kleiner Kopf Rotkohl, 1 EL Rübensirup, 2 EL Butterschmalz, 1 Zwiebel, 125 ml süße Sahne, 1 l Gemüsebrühe, Mehl, Schnittlauch, 1 EL Zitronensaft, Lebkuchengewürz, Pfeffer, Salz. Grießklößchen: 125 ml Milch, 10 g Butter, Salz, 1 Msp. gemahlene Muskatnuss, 50 g Hartweizengrieß, 1 Ei, 1 EL Brühe.

Die gewürfelte Zwiebel bei schwacher Hitze in heißem Butterschmalz anbraten, dann den fein gehobelten Rotkohl, das Lebkuchengewürz, den Rübensirup, Salz, und Pfeffer dazugeben. Brühe dazugießen und aufkochen. Bei schwacher Hitze zugedeckt etwa 20 Minuten garen. 1 EL Mehl mit 4 EL Brühe glatt rühren und zur Suppe geben. Weitere 5 Minuten aufkochen.
Sahne untermischen und mit Zitronensaft, Salz und Pfeffer abschmecken.
Klößchen: Milch mit Butter, je 1 Msp. Muskatnuss und Salz in einem kleinen Topf zum Kochen bringen, vom Herd nehmen. Weizengrieß unter Rühren mit einem Kochlöffel hineinstreuen, zu einem glatten Kloß rühren und noch 1 Minute auf der Kochstelle erhitzen. Den heißen Kloß in eine Schüssel geben und das Ei unterrühren.
Aus der Masse mit einem Kugelstecher Klößchen abstechen, in 1 l kochende Brühe geben und 5 Minuten gar ziehen lassen.
Die Rotkohlsuppe mit Schnittlauchröllchen bestreuen und die Grießklößchen dazugeben.

Sauerkrautsuppe mit Curry

750 g Dithmarscher Frischekraut, 1 EL Currypulver, 2 EL Butterschmalz, je 500 ml Gemüsebrühe und Hühnerbrühe, 200 g Backpflaumen ohne Stein, 3 EL Honig, 250 ml Sahne, Fruchtsaft.

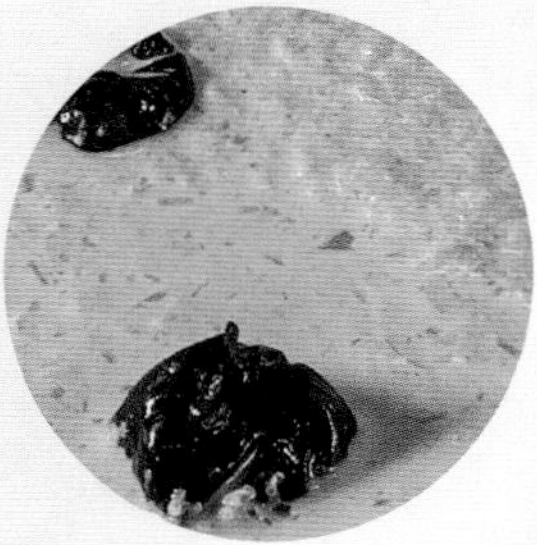

Das Currypulver im Butterschmalz leicht andünsten. Wenn es anfängt zu duften, das Dithmarscher Frischekraut und die Brühe dazugeben.
Alles zusammen etwa 15 Minuten leicht köcheln.
Die Trockenpflaumen in dem heißen Fruchtsaft marinieren.
Das gare Sauerkraut mit einem Pürierstab im Topf zerkleinern. Die Flüssigkeit der Backpflaumen dann dazugeben. Sahne unterrühren und mit dem Honig und evtl. etwas Currypulver abschmecken, danach noch etwa 10 Minuten weiterköcheln.
Mit den Backpflaumen und Kapuzinerkresseblüten servieren.

Weißkohlsuppe

1 Weißkohl (etwa 1500 g), 400 g Kartoffeln, 2 l Fleischbrühe, gemahlener Kümmel, 4 Bratwürste, Butter zum Braten, Salz, Pfeffer, Schnittlauch.

Den Kohlkopf putzen, in 4 Teile schneiden, den Strunk entfernen. Dann den Kohl grob hacken und in sehr wenig Wasser auf kleiner Hitze in 10 Minuten weich dämpfen. Die Fleischbrühe dazugießen, die geschälten und gewürfelten Kartoffeln dazugeben und alles in etwa 15 Minuten gar kochen.

Inzwischen die Bratwürste in Butter knusprig braten. Anschließend in Scheiben schneiden und zur Suppe geben.

Mit Salz, Pfeffer und Kümmel abschmecken. Mit Schnittlauchröllchen bestreuen und servieren.

Sauerkraut mit gefüllten Äpfeln

450 g Dithmarscher Frischekraut, 1 Zwiebel, 40 g Schmalz, 1 geriebener Apfel, Salz, 4 Äpfel, FRUKO nach Belieben, 4 Ananasscheiben.

Fett im Topf zerlassen, fein geschnittene Zwiebel darin anrösten, Frischekraut und 100 ml Wasser hineingeben, mit geriebenem Apfel gemischt fast gar dünsten, mit etwas Salz abschmecken. Das Sauerkraut in eine gefettete feuerfeste Form füllen, bei mittlerer Hitze im vorgeheizten Ofen etwa 30 Minuten überbacken.
Inzwischen Äpfel aushöhlen, mit FRUKO füllen, die Äpfel an den Rand der Auflaufform setzen und 15 Minuten mitbacken. Sauerkraut mit gefüllten Äpfeln und Ananasscheiben anrichten.
Dazu passen Salzkartoffeln, Bratkartoffeln oder Kartoffelbrei.

Rosenkohl mit Haselnüssen

1000 g Rosenkohl, Salz, 50 g Haselnüsse, 50 g durchwachsener Speck in dünnen Scheiben, 3 EL Butter, frisch gemahlener Pfeffer, Muskat.

Den Rosenkohl putzen, äußere und welke Blätter entfernen, den Stielansatz kappen und kreuzweise einschneiden. In reichlich gut gesalzenem Wasser 10 Minuten kochen, dann in eiskaltem Wasser abschrecken. Speck in feine Streifen schneiden und in einer großen Pfanne ausbraten, dabei zart bräunen. In Scheiben gehobelte Haselnüsse zufügen und mitrösten. Die abgetropften Rosenkohlköpfe zufügen und mit Butter und 2 EL Wasser zugedeckt einige Minuten schmurgeln, bis sich alles gut verbunden hat.
Zum Servieren mit Salz, Pfeffer und Muskat würzen.

Kohlrabieintopf

1000 g geschälter Kohlrabi, 500 g Kartoffeln, 300 g Möhren, 80 g Zwiebeln, 2 EL Öl, $^1/_4$ l Hühnerbrühe, 2 EL gehackte Kräuter, Salz, Pfeffer.
50 g Zwiebeln, 1 Knoblauchzehe, $^1/_2$ Bund Petersilie, 300 g gemischtes Hackfleisch, 1 Ei, 3 EL Semmelbrösel, Salz, Pfeffer, Paprikapulver.

Kohlrabi schälen und in etwa 1 cm breite Stifte schneiden. Die Herzblättchen vom Kohlrabi zur Seite legen. Kartoffeln schälen, in etwa 3 cm große Würfel schneiden. Möhren schälen und in Stifte schneiden. Die Zwiebel für das Gemüse schälen und fein hacken.
Die Zwiebelwürfel im Öl hell anschwitzen. Kartoffelwürfel zugeben, mit der Brühe übergießen und etwa 5 Minuten dünsten. Kohlrabi- und Möhrenstifte zufügen und zugedeckt bei Mittelhitze 15 bis 20 Minuten garen.
Fleischklößchen: Zwiebel und Knoblauchzehe schälen und sehr fein hacken. Petersilie waschen, trocken schleudern und fein hacken. Alle Zutaten für die Fleischklößchen in eine Schüssel geben und zu einem geschmeidigen Fleischteig verarbeiten. Mit nassen Händen kleine Klößchen formen. In den letzten 10 Minuten in den Kohlrabieintopf geben und darin garziehen lassen.
Die Kohlrabiblättchen waschen, trocken tupfen, fein schneiden und zusammen mit den gehackten Kräutern (z. B. Petersilie, Schnittlauch, Basilikum) kurz vor Ende der Garzeit zum Eintopf geben.
Mit Salz und frisch gemahlenem Pfeffer abschmecken.

Sauerkraut-Topf mit Fenchel

1 Zwiebel, 1 kleiner Fenchel, 1 rote Paprikaschote, 40 g Butter, 450 g Dithmarscher Frischekraut, 4 Kartoffeln, 1/2 l Gemüsebrühe, 1/8 l Weißwein, 1 Lorbeerblatt, Luisenhaller Tiefen-Salz, Pfeffer, 1/2 Bund Petersilie, 250 g Fischfilet, 1 EL Zitronensaft.

Die Zwiebel pellen und in feine Längsspalten schneiden. Den Fenchel waschen, putzen und in Streifen schneiden. Die Paprikaschote vierteln, putzen, waschen und in kurze Streifen schneiden.

Zwiebel und Fenchel in der Butter andünsten. Paprika, Sauerkraut und die gewürfelten Kartoffeln zugeben. Die Brühe zugießen, mit Lorbeer, Salz und Pfeffer würzen und zugedeckt bei milder Hitze 15 Minuten garen.

Inzwischen die Petersilie waschen, trocken schütteln und hacken. Den Fisch würfeln, mit Zitronensaft beträufeln und mit Tiefen-Salz würzen. Zwei Drittel der Petersilie und den Fisch vorsichtig unter das Sauerkraut mischen. In ungefähr 5 Minuten gar ziehen lassen und nochmals abschmecken.

Beim Anrichten mit dem Rest der Petersilie bestreuen.

Schneller Weißkohleintopf

1000 g Bio-Weißkohl, 500 g Rinderhack, 750 g festkochende Kartoffeln, 1 Zwiebel, 2 EL Tomatenmark, 2 TL Senf, Luisenhaller Tiefen-Salz, Pfeffer, Rosenpaprika, $^1/_2$ l Rinderbrühe, 3 EL Rapsöl, Petersilie zum Garnieren.

Hackfleisch mit gewürfelter Zwiebel, Senf, Salz und Pfeffer mischen.
Den Kohl klein schneiden.
Das Öl in einen großen Bratentopf geben und eine Schicht Kohl darin leicht anrösten. Dann schichtweise Hackmasse und Weißkohl dazugeben.
Tomatenmark und Rosenpaprika mit der Brühe verrühren und über den Kohl gießen.
Die geschälten Kartoffeln in fingerdicke Scheiben schneiden und auf die letzte Schicht Kohl verteilen. Alles etwa 35 Minuten garen.

Brokkoli-Chinakohl-Pfanne

1 rote Zwiebel, 2 Hähnchenbrustfilets, 300 g Brokkoli, 1 Chinakohl, $^{1}/_{2}$ Ananas, 2 Bund Schnittlauch, 1 EL Rapsöl, 1 EL Sojasoße, $^{1}/_{4}$ TL Cayennepffer, 1 TL Zucker.

Zwiebel grob schneiden. Das Fleisch in mundgerechte Stücke zerteilen. Brokkoliröschen vom Strunk trennen. Chinakohl-Blätter in Streifen, Ananas-Fruchtfleisch in Stücke schneiden. Schnittlauch hacken.

Zwiebeln im heißen Öl dünsten, Fleisch zugeben, anbraten, herausnehmen und warm stellen. Brokkoli in der Pfanne unter Rühren knackig dünsten. Kohl und Ananas zugeben, kurz erhitzen. Fleisch wieder hinzufügen, mit Sojasoße, Cayennepfeffer und Zucker würzen, mit dem Schnittlauch bestreuen.

Sauerkrautpuffer

600 g Kartoffeln (mehlig), 450 g Dithmarscher Frischekraut,
1 EL Semmelbrösel, 1 EL Mehl, 2 Eier, Zucker, Cayennepfeffer, gemahlener Kümmel, Öl zum Braten.
500 g Lauch, 1 Knoblauchzehe, 1 Zwiebel, Butter, Salz,
Pfeffer aus der Mühle, geriebene Muskatnuss,
100 g Sahne.
Schnittlauchhalme zum Anrichten, Petersilie.

Kartoffeln schälen, raspeln. Sauerkraut, Semmelbrösel, Mehl und die Eier untermengen. Mit den Gewürzen abschmecken.
Öl in der Pfanne erhitzen. Jeweils vom Teig 2 EL in die Pfanne geben, glatt streichen und von jeder Seite goldbraun braten.
Lauchstangen putzen und in Ringe schneiden. Knoblauch und die Zwiebel schälen und hacken. Butter in einem Topf erhitzen. Die Zwiebel und den Knoblauch darin andünsten. Lauchringe hinzufügen mit Salz, Pfeffer und Muskatnuss abschmecken. Die Sahne dazugeben und bei schwacher Hitze etwa 10 Minuten dünsten.
Das Lauchgemüse auf die Sauerkrautpuffer geben und auf Schnittlauchhalmen anrichten, zum Schluss mit gehackter Petersilie bestreuen.

Wirsingpfannkuchen mit Büsumer Krabben

125 g Mehl, 2 Eier, Salz, 1/4 l Milch, Rapsöl zum Braten.
1 Zitrone, 200 g Crème fraîche, Salz, Pfeffer, Petersilie, 200 g Krabbenfleisch, 125 g Wirsing in feinen Streifen.

Aus Mehl, Eiern und Milch einen Pfannkuchenteig anrühren, salzen und 10 Minuten stehen lassen. Wirsing in feine Streifen schneiden, 3 Minuten in leicht gesalzenem Wasser blanchieren. Wirsingstreifen in den Pfannkuchenteig rühren. Rapsöl in einer beschichteten Pfanne erhitzen, kleine Pfannkuchen darin beidseitig etwa 2 Minuten backen, warm stellen.
Den Saft der Zitrone auspressen und die Schale abreiben.
Die Krabben mit Zitronensaft, Salz und Pfeffer abschmecken.
Gesalzene Crème fraîche mit gehackter Petersilie verrühren und die Pfannkuchen damit bestreichen.
Das Krabbenfleisch darauf verteilen und mit wenig Zitronenabrieb und Petersilienblättchen garnieren.

Spitzkohlviertel mit Kräuterkäse-soße

1 Spitzkohl, 200 g KOHLOSSEUM-Kräuterkäse, 1 Becher Schmand, Petersilie.

Spitzkohl waschen, putzen, vierteln und in Salzwasser garen. Den Kräuterkäse zerkleinern und mit dem Schmand bei geringer Hitze schmelzen lassen. Die fein gehackte Petersilie unterrühren. Mit einem Stabmixer aufschäumen.
Spitzkohlviertel anrichten und mit der Käsesoße übergießen.
Dazu passen Salzkartoffeln.

Kohlrouladen

1 mittelgroßer Kopf Weißkohl, $1^1/_2$–2 l Salzwasser zum Vorkochen, Frikadellenteig von 400 g Hackfleisch mit den üblichen Zutaten, Fett zum Anbraten, etwa $^1/_2$–$^3/_4$ l Wasser zum Schmoren, 25–30 g Mehl, evtl. etwas gekörnte Brühe, Petersilie.

Den Kohl von welken Blättern befreien, abwaschen, Salzwasser zum Kochen bringen, den Kohlkopf 10–15 Minuten darin vorkochen und auf ein Sieb legen. Vorsichtig die Blätter abtrennen und die großen Blätter auf einer Platte auslegen. Die inneren Blätter darauflegen und je eine längliche Portion des Frikadellenteigs daraufgeben. Die Blätter fest um die Hackmasse wickeln und mit einem Baumwollband verschließen. Nun von allen Seiten im heißen Fett gut braun braten. Etwas Kohlbrühe dazugeben und langsam im geschlossenen Topf schmoren. Nach Bedarf Kohlbrühe nachfüllen, zum Schluss (nach 30–45 Minuten) die Soße auf $^1/_2$ l ergänzen und mit glatt ausgerührtem Mehl binden, abschmecken.
Von den Rouladen das Band lösen, auf angewärmter Platte warm stellen und auf Tellern anrichten.
Mit Salzkartoffeln und Möhrengemüse servieren.

Kleine Kohlrouladen

1 kleiner Kopf blanchierter Weißkohl, 3 Zwiebeln, 500 g Risottoreis, 3 Tomaten, 2 EL Tomatenmark, Zitronensaft, etwas Petersilie, Salz, Pfeffer, Paprikapulver (scharf), Pfefferminze, Öl.

Die Zwiebeln in kleine Würfel schneiden und anbraten und das Tomatenmark dazugeben. Tomaten ebenfalls in kleine Würfel schneiden und auch dazugeben und umrühren. Danach den Reis zugeben und 5 Minuten braten, immer wieder umrühren. Eine Handvoll gehackte Petersilie in die Pfanne geben und mit Salz, Pfeffer, Paprika und Pfefferminze abschmecken.

Auf die 10 cm langen Kohlblätter eine dünne Wurst von dem Reisgemisch in die Mitte legen, Seiten zusammenklappen und dann fest aufrollen. Eng aneinander in einen Topf legen. 2 EL Öl und 2 Spritzer Zitronensaft darübergeben. 2 Tassen Wasser dazugeben. Mit einem Teller beschweren und 25–30 Minuten köcheln lassen.

Dazu reicht man gesalzenes Joghurt.

Rotkohlroulade mit Preiselbeeren

1 Kopf Rotkohl, 3 cl Essig, 3 Pimentkörner, 2 Nelken, 250 g mehligkochende Kartoffeln, 30 g Mehl, ca. 30 g Sahne, 2 Eier, Salz, 5 EL Preiselbeeren, 1 cl Rotweinessig, 1cl Maiskeimöl, $^{1}/_{2}$ Bund Petersilie, 4 festkochende Kartoffeln, 1 TL Butter, 15 cl Gemüsefond, 10 cl Sahne.

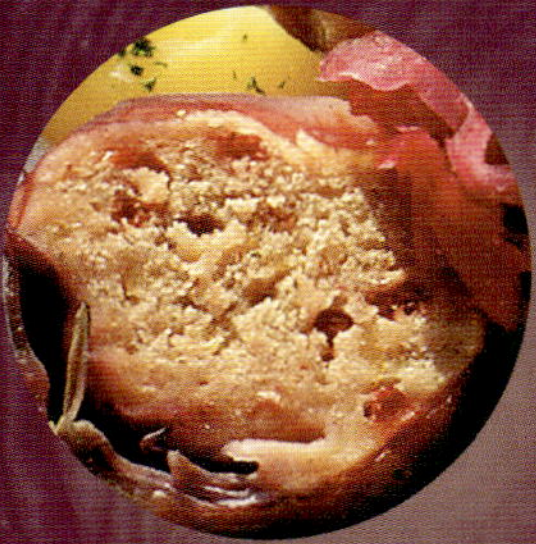

Den Rotkohl putzen, waschen und in gut gesalzenem Essigwasser mit Piment und Nelke gewürzt garen. Die Blätter auf ein Tuch legen und leicht klopfen. Die Kartoffeln kochen, mit Mehl, Sahne und den Eiern zu Püree verarbeiten, nach Belieben leicht salzen. 3 EL Preiselbeeren unterrühren und die Masse portionsweise in die gegarten Rotkohlblätter wickeln. Die Krautwickel einzeln in Alufolie packen und ca. 12–15 Minuten im Wasserbad köcheln. Den Kohlrest mit Essig, Öl und Preiselbeeren zu Salat anmachen. Festkochende Kartoffeln garen, in Butter schwenken, fein gehackte Petersilie darüberstreuen und zusammen mit den gegarten Rouladen auf einem Teller anrichten. Den Salat lauwarm in die Mitte geben. Aus dem Gemüsefond, der Sahne und den Preiselbeeren eine Soße kochen, mit dem Pürierstab aufschäumen und über die Rotkohlroulade geben.

Kohlpfanne

500 g Hähnchenbrust, KOHLosseum-Kräutermischung, 1000 g Weißkohl, 500 ml Gemüsebrühe, 500 ml passierte Tomaten, 200 g saure Sahne, gehackte Petersilie zum Bestreuen.

Das Hähnchenfleisch in mundgerechte Stücke schneiden. Mit der KOHLosseum-Kräutermischung würzen und in einer Pfanne scharf anbraten. Herausnehmen und warm stellen. Den Weißkohl klein schneiden und mit der Gemüsebrühe bissfest dünsten. Die Tomaten und saure Sahne dazugeben.

Vor dem Anrichten das Hähnchenfleisch dazugeben. Mit gehackter Petersilie bestreuen. Frische Kräuter ergänzen und verstärken den Geschmack von gekochtem Gemüse und tragen als grüne Farbtupfer zur Dekoration bei.

Wirsing mit gerollter Deichlammschulter

1500 g ausgelöste Lammschulter, 1 TL KOHLosseum-Kräutermischung, 1 EL zerdrückter frischer Knoblauch, 2 Scheiben Rauchspeck, 1 dünne gewaschene und halbierte Lauchstange, 1 geschälte und halbierte Möhre, Salz, Pfeffer, 1 EL Kümmel, 2 EL Öl zum Anbraten, 1200 g in Streifen geschnittener Wirsing, 800 g in Scheiben geschnittene Kartoffeln, 1 l Fleischbrühe.

Zuerst die aufgeklappten Kammschultern mit Kräutermischung und Knoblauch einreiben, dann mit dem Speck belegen. Den Lauch und die Möhren daraufgeben und im Schulterfleisch einwickeln. Mit Küchengarn zubinden und mit etwas Salz, Pfeffer und Kümmel würzen. Dann in einer Pfanne in heißem Öl rundherum kurz anbraten. Anschließend zuerst den Wirsingkohl und die rohen Kartoffelscheiben in den Bratentopf geben, dann die Lammrolle in die Mitte setzen und mit der Brühe aufgießen. Im vorgeheizten Backofen etwa 60 Minuten bei 220 °C zugedeckt schmoren lassen. Vor dem Servieren das Garn entfernen, die Lammschulter in Scheiben schneiden und auf dem Wirsing-Kartoffel-Gemüse anrichten.

Grünkohl mit Gänsekeule

4 Dithmarscher Gänsekeulen, 3 Möhren, 2 Zwiebeln, 2 EL Rapsöl, 3 EL Tomatenmark, 300 ml Rotwein, 400 ml Geflügelbrühe, Salz, Pfeffer.
1000 g Grünkohl, 100 g Bauchspeck, 1 Zwiebel, 100 g Gänseschmalz, $^1/_2$ l Geflügelbrühe, Salz, Pfeffer, Zucker, 1–2 EL Senf, 100 g Hafergrütze.

Keulen rundherum salzen und pfeffern. Möhren und Zwiebeln in Würfel schneiden. Backofen auf 180 °C vorheizen. 2 EL Rapsöl in einem Bräter erhitzen, Keulen darin rundherum scharf anbraten, herausnehmen und das Fett bis auf einen kleinen Rest abgießen. Möhren und Zwiebel darin anbraten, 2 EL Tomatenmark mit anrösten, mit 300 ml Rotwein und 400 ml Geflügelbrühe ablöschen und 5 Minuten einkochen lassen.
Keulen in den Bräter legen, Deckel schließen und im Ofen schmoren. Ab und zu mit Bratensud begießen. Nach 60 Minuten den Deckel abnehmen und 30 Minuten offen garen.
Keulen aus dem Bräter holen, die Sauce durch ein Sieb gießen und mit Salz und Pfeffer abschmecken.
Den gut gewaschenen Grünkohl 5 Minuten blanchieren, ausdrücken, klein schneiden. Den gewürfelten Speck in Gänseschmalz ausbraten, gehackte Zwiebel hinzufügen und glasig anschwitzen. Grünkohl dazugeben, Brühe angießen und 60 Minuten köcheln lassen. Mit Salz, Pfeffer, Zucker und Senf würzen. Hafergrütze einstreuen und 30 Minuten ziehen lassen. Gut durchrühren.
Die Keulen mit Soße und Grünkohl servieren.

Gefüllte Kohlrabi

4 mittelgroße Kohlrabi, Salz, 1 altbackenes Brötchen, 1 Zwiebel, 350 g Hackfleisch (halb und halb), frisch gemahlener weißer Pfeffer, edelsüßes Paprikapulver, Petersilie, 1 Ei, 80 g durchwachsener Speck in dünnen Streifen, Butter für die Form.

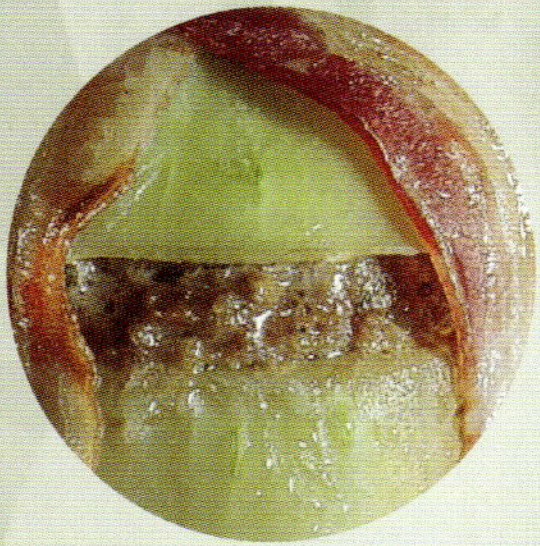

Die Kohlrabi schälen, die zarten grünen Blättchen waschen, klein schneiden und zugedeckt aufbewahren. Die Kohlrabi in kochendes Salzwasser legen und 20 Minuten kochen, dann abtropfen und abkühlen lassen. Von der Kohlrabibrühe etwa 1/2 Tasse aufbewahren.

Von jeder Kohlrabiknolle einen Deckel abschneiden und die Kohlrabi aushöhlen. Das Kohlrabifleisch klein würfeln. Den Backofen auf 200 °C vorheizen. Das Brötchen in kaltem Wasser einweichen. Die Zwiebel schälen und klein würfeln. Das Hackfleisch mit den Kohlrabistückchen, der Zwiebel, dem ausgedrückten Brötchen, 1/2 TL Salz, 1 Msp. Pfeffer, 1/2 TL Paprikapulver, den klein geschnittenen Kohlrabiblättchen, 1 EL gehackter Petersilie und dem Ei verkneten. Die Kohlrabi in eine feuerfeste gebutterte Form setzen, mit der Hackfleischmasse füllen und die Deckel auflegen. Jeden Kohlrabi mit 2 Speckstreifen belegen. Die Brühe zugießen und die Kohlrabi im Backofen in etwa 25 Minuten garen.

Rotkohlsalat mit Entenbrust

1 kleiner Kopf Rotkohl, 1 Zwiebel, 3 EL Balsamico, 2 EL Brombeergelee, 2 säuerliche Äpfel, 3 EL Walnussöl, 1 Entenbrust, Salz und Pfeffer.

Die äußeren Blätter und die dicken Blattrippen des Rotkohls entfernen, den Strunk herausschneiden. Kohl quer in feine Streifen schneiden, in einer großen Schüssel mit Salz und Pfeffer abschmecken. Etwa 2 Stunden ziehen lassen, dann die fein gewürfelte Zwiebel zugeben.

Den Backofen auf 180 °C vorheizen.

Essig und Brombeergelee etwas erwärmen, über den Rotkohl geben und noch einige Minuten ziehen lassen. Die Äpfel schälen, in feine Stücke schneiden und mit dem Walnussöl unter den Rotkohl mischen.

Die Entenbrust mit Salz und Pfeffer würzen, mit Öl kurz scharf anbraten, dann im Backofen in etwa 15 Minuten fertig braten.
Vor dem Aufschneiden etwas ruhen lassen.
Mit geröstetem Baguette und Balsamico servieren.

Kohllasagne

800 g Ratatouillegemüse (Auberginen, Tomaten, Zucchini, Zwiebeln), Norddeicher Rapsöl, 700 g Weißkohl, KOHLosseum-Kräutermischung, 1 Dose passierte Tomaten (425 ml), Lasagne-Blätter, Mozzarella-Käse.

Den fein geschnittenen Weißkohl im Rapsöl schmoren, das Ratatouillegemüse grob würfeln und nach 15 Minuten zugeben und mit der Kräutermischung würzen. Die Hälfte der passierten Tomaten unterheben und erkalten lassen.

In eine gefettete Auflaufform eine Lage Lasagneplatten legen und darauf eine Schicht Kohl-Gemüse, die zweite Lage Lasagneplatten darauflegen und wieder eine Schicht Kohl-Gemüse. Auf die dritte Lage Lasagneplatten die andere Hälfte der Tomaten streichen und dann mit Käse bestreuen.

Im vorgeheizten Backofen bei 200 °C etwa 30 Minuten zugedeckt, anschließend noch etwa 15 Minuten offen garen.

Küstenpfanne mit Pfiff

6 Lammbratwürste, 100 g Schinkenspeck, 100 g Krabbenfleisch, 2 Zwiebeln, 200 g Möhren, 700 g Wirsingkohl, 1 Zweig Thymian, 1 Zweig Rosmarin, $1\frac{1}{2}$ Becher Schmand, $\frac{1}{4}$ l Wasser, $\frac{1}{2}$ TL KOHLOSSEUM-Kräutermischung, in Scheiben geschnittene Rote Bete, Petersilie, Salz, Pfeffer. Sauerkraut-Fruchtaufstrich.

Den Schinkenspeck in kleine Würfel schneiden und in der Pfanne ohne Fett bei niedriger Stufe erhitzen. Die Lammbratwürste in kleine Scheiben schneiden, mit in die Pfanne geben und anbraten. Die Zwiebeln würfeln und andünsten. Mit dem Wasser ablöschen. Die Möhren in Scheiben schneiden. Den Wirsingkohl grob zerkleinern. Vier ganze Blätter Wirsingkohl blanchieren, abschrecken und zurücklegen. Die Möhren, Kohl und Kräutermischung mit in die Pfanne geben. Thymian und Rosmarin als ganzen Zweig dazugeben und vor dem Abschmecken wieder herausnehmen. Alles etwa 20 Minuten dünsten. Anschließend 1 Becher Schmand hinzufügen und mit Salz und Pfeffer abschmecken. Den Teller mit einem Kohlblatt auslegen und die Kohlpfanne mit einem Klecks Schmand-Gemisch (aus: $\frac{1}{2}$ Becher Schmand, 2 TL Sauerkraut-Fruchtaufstrich, 2 Prisen Salz), Krabbenfleisch, Rote-Bete-Scheiben und gehackter Petersilie servieren.

Weißkohl-Gulasch-Topf

1000 g Gulasch, 1000 g Weißkohl, Gemüsebrühe, 1000 g Kartoffeln, Zwiebel, Salz, frisch gemahlener Pfeffer, 1 Tomate, 1 rote Paprikaschote, Rapsöl, KOHLosseum-Kräutermischung, 1/2 Bund Petersilie.

Einen großen Topf aufsetzen und auf hoher Stufe wenig Rapsöl erhitzen. Das in mundgerechte Stücke geschnittene Fleisch, die gewürfelte Zwiebel und die gewürfelte Tomate zugeben. Mit Salz, Pfeffer und Kräutermischung kräftig würzen. Scharf anbraten. Mit Brühe ablöschen und 15 Minuten vorgaren.

Den Kohl und die Paprika in feine Streifen schneiden und auf dem Gulasch verteilen. Alles 40 Minuten kochen. Etwa 15 Minuten vor Ende der Garzeit die in Würfel geschnittenen rohen Kartoffeln auf dem Weißkohl verteilen. Eventuell mit Brühe nachfüllen.

Vor dem Servieren abschmecken und mit gehackter Petersilie bestreuen.

Grünkohl mit süßen Kartoffeln

2000 g Grünkohl, 200 g Zwiebeln, 100 g Schweineschmalz, 400 g Schweinebacke, 600 g Kasseler mit Knochen, 4 Kochwürste, 800 g sehr kleine Kartoffeln, Butterschmalz zum Braten, Salz, 2 EL Zucker.

Grünkohl mehrmals waschen, abtropfen lassen, von den Stielen streifen und in reichlich Salzwasser blanchieren. Abgetropft klein hacken. Zwiebel pellen und würfeln. Zwiebeln in Schweineschmalz glasig dünsten, den Grünkohl darin wenden, mit Salz würzen, mit 1 l Wasser begießen und 1–2 Stunden bei milder Hitze zugedeckt schmoren lassen. Schweinebacke und Kasseler 60 Minuten, Kochwürste etwa 30 Minuten auf dem Kohl mitgaren.

Inzwischen die Kartoffeln kochen, abgießen, pellen und kalt werden lassen.

Butterschmalz in zwei großen Pfannen erhitzen. Kartoffeln unter häufigem Rütteln darin rundum goldbraun braten, danach salzen, mit dem Zucker bestreuen und leicht karamellisieren.

Das Fleisch in Scheiben schneiden und mit den Würsten auf dem Kohl anrichten. Die Röstkartoffeln dazu servieren.

Weißkohl mit Schweinerippchen

1000 g Schweinerippe, Salz, Pfeffer, 2 EL Butterschmalz, 1 Kopf Dithmarscher Weißkohl, 1 Gemüsezwiebel, 100 g durchwachsener geräucherter Speck, 2 EL Butter, Zucker, $^1/_4$ l Rinderbrühe, 1 Schuss Weißwein, 1 Becher Sahne, Speisestärke zum Binden.

Schweinerippchen salzen und pfeffern. Das Schmalz in einem Bräter erhitzen und die Rippen darin anbraten. Das Fleisch im auf 180 °C vorgeheizten Backofen etwa 60 Minuten garen. Den Weißkohl putzen, den Strunk herausschneiden, vierteln und den Weißkohl in dünne Streifen schneiden.
Die Zwiebel schälen, halbieren und ebenfalls in Scheiben schneiden. Den Speck in Würfel schneiden. Die Butter in einer großen Pfanne erhitzen und den Speck darin auslassen.
Die Zwiebel dazugeben und glasig schwitzen, den Weißkohl untermischen und kurz dünsten.
Mit Salz, Pfeffer und einer Prise Zucker würzen, die Brühe und den Weißwein angießen. Zugedeckt bei mäßiger Hitze 20 Minuten garen.
Nach Ende der Garzeit die Sahne zugeben, einmal aufkochen, das Ganze abschmecken und mit etwas angerührter Speisestärke binden.

Sauerkraut mit Eisbein

900 g Dithmarscher Frischekraut, 1 Vordereisbein, etwa 1000 g, frisch oder gepökelt, 2 Lorbeerblätter, 2 Gewürznelken, 4 Wacholderbeeren, 4 schwarze Pfefferkörner, Zucker, 1 Zwiebel, 1 Kartoffel, Salz.

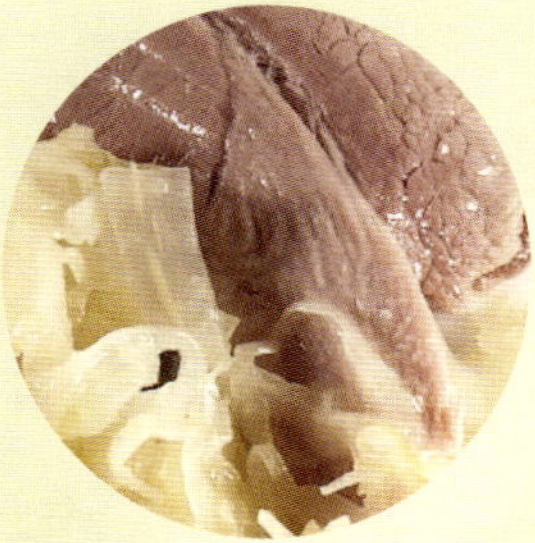

Das Eisbein in einen Kochtopf geben und mit 1 l kaltem Wasser aufgießen. Lorbeerblätter, Gewürznelken, Wacholderbeeren, Pfefferkörner, 1 EL Zucker, Salz und die geviertelte Zwiebel dazugeben und etwa 90 Minuten kochen. Das Eisbein aus dem Topf nehmen und warm stellen. Die Kochflüssigkeit in eine Schüssel geben. Das Sauerkraut in den Topf füllen und eine Teilmenge der Kochflüssigkeit dazugeben. Das Sauerkraut etwa 10 Minuten dünsten und mit einer geriebenen, rohen Kartoffel anbinden und eventuell mit etwas Salz abschmecken, dann servieren.

Kohlpudding

1 Weißkohl, 500 g gemischtes Hack, Salz, Pfeffer, 1 Ei, 1 Zwiebel, 1 altbackenes Brötchen, Norddeicher Rapsöl, KOHLOSSEUM-Kräutermischung.
30 g Butter, 35 g Mehl, $^{1}/_{2}$ l Kohlbrühe, 1 Bund Petersilie, Salz, Muskat, abgeriebene Zitronenschale, 1 Eigelb.

Vom Kohl die äußeren großen Blätter lösen und blanchieren, bis sie weich und geschmeidig sind. Die Blätter im Wasser liegen lassen. Den restlichen Kohl klein schneiden und etwa 25 Minuten kochen.

Zwiebel in kleine Würfel schneiden und mit dem Hackfleisch mischen. Salzen, pfeffern und das eingeweichte, ausgedrückte Brötchen und das Ei dazugeben. Gut vermengen.
Die Kohlpuddingform fetten und mit den blanchierten Kohlblättern auslegen. Es sollte alles bedeckt sein, denn das Hackfleisch klebt sonst an der Form. Am oberen Rand etwa 3–4 cm Kohlblätter überstehen lassen. Kohl abgießen, Wasser aufbewahren. Den zerkleinerten Kohl und die Hackfleischmasse abwechselnd in die Form schichten. Mit dem Hackfleisch anfangen und mit einer Schicht Kohl abschließen. Die Kohlschicht jeweils mit Kräutermischung würzen. Den überstehenden Kohl umklappen. Die geschlossene Puddingform im Wasserbad 90 Minuten garen.
Aus Butter, Mehl und der Kohlbrühe eine helle Schwitze herstellen. Mit Salz, Muskat und Zitronenschale würzen, mit Eigelb abrühren. Zuletzt die sehr fein gehackte Petersilie dazugeben. Noch einmal durchziehen lassen.
Den fertigen Kohlpudding mit Petersiliensoße und Salzkartoffeln servieren.

Gebratener Grünkohl mit Zander

250 g frischer Grünkohl, 400 g Kartoffeln, 6 EL Norddeicher Rapsöl, Salz, Pfeffer, 100 g Schalotten, 500 g Zanderfilet, 1 Zitrone, 1 EL Mehl, 100 ml Gemüsebrühe.

Den Grünkohl putzen, waschen, trocken schleudern und in feine Streifen schneiden. Kartoffeln schälen und in etwa 1 cm große Würfel schneiden. 4 EL Öl in einer Pfanne erhitzen und die Kartoffelwürfel darin bei mittlerer Hitze etwa 25 Minuten goldgelb braten. Zwischendurch mit Salz und Pfeffer würzen.

Zanderfilet mit Zitronensaft 5 Minuten marinieren, abtupfen, Haut einritzen, salzen und pfeffern. Hautseite mehlieren und in dem Öl auf der Hautseite goldbraun braten. Umdrehen und 7 Minuten ziehen lassen.

Das restliche Öl in einer Pfanne erhitzen und die fein gewürfelten Schalotten darin andünsten. Den Grünkohl dazugeben und bei starker Hitze 5 Minuten unter Rühren braten. Gemüsebrühe zugeben, mit Salz und Pfeffer würzen und zugedeckt weitere 10 Minuten garen. Kartoffelwürfel untermischen und mit Salz und Pfeffer würzen.

Spitzkohl mit gepökelter Ochsenbrust

1000 g Ochsenbrust, 250 g Salz, 1 EL Zucker, 1 Spitzkohlkopf (1000 g), 30 g Margarine, 4 EL Mehl, $^1/_4$ l Milch, $^1/_3$ l Kochwasser, evtl. 1 Prise Muskat oder Koriander, frisch gemahlener weißer Pfeffer.

In 1 l kochendem Wasser Salz und Zucker unter Rühren auflösen. Abkühlen lassen. Die kalte Lake muss das Fleisch reichlich bedecken, das mit einem passenden Teller oder Gewicht unten gehalten wird. 3 Tage kalt stellen (4–6 °C). Fleisch herausnehmen und abspülen. In frischem Wasser das Fleisch knapp bedeckt 3 Stunden mürbe kochen, mehrmals abschäumen.

Kohlkopf klein schneiden, in Salzwasser weich kochen (etwa 10–15 Minuten), Wasser abgießen. Margarine, Mehl und Milch zur Soße anschwitzen, mit kochendem Wasser auf die richtige Konsistenz bringen, kurz aufkochen. Kohl hineingeben. Mit Salz, Zucker, Pfeffer und evtl. Muskat oder Koriander würzen.

Dazu passen Salzkartoffeln.

Chinakohl mit Hähnchenbrustfilet

1 Chinakohl, 1 kleine rote Paprikaschote, 1 Zwiebel, 2 Hähnchenbrustfilets, Salz, Pfeffer, Butter.

Den Chinakohl in einzelne Blätter zerlegen und in 1 cm breite Streifen schneiden. Die gewaschene Paprikaschote vierteln, entkernen und in Rauten schneiden. Die Zwiebel fein würfeln.

Das Hähnchenfleisch auf jeder Seite etwa 3 Minuten braten. Aus der Pfanne nehmen, in Alufolie wickeln und warm halten.

In einer Pfanne mit wenig Butter die Zwiebelstückchen und Paprikarauten erhitzen. Den Chinakohl zugeben, abschmecken und weiter erhitzen. Nach etwa 2 Minuten 2 EL Butter unter das Gemüse rühren.

Mit Petersilienkartoffeln und Fleisch anrichten.

Inhalt

Die Rezepte sind, wenn nicht anders angegeben, für vier Personen berechnet. Alle Rezepte und Tipps sind mit Sorgfalt ausgewählt und geprüft. Eine Haftung des Verlages und seiner Beauftragten für Schäden an Personen, Sach- und Vermögensgegenständen ist ausgeschlossen.

Die Rezepte sind von Uwe Kotthaus auf Seite 8; von Silke Fründt Seite 38; von Susanne Schröder-Manhouch Seite 46 und 52; von Necla Demirayak Seite 58; von Franziska Wendt Seite 62 und 72; von Iris Schröder Seite 64 und 66; von Margot Boie Seite 74; von Jutta Kempe-Oelrich Seite 76 und 84; vom Deutsch-Dänischen Verein Hamburg Seite 88.

FRUKO und Sauerkraut-Fruchtaufstrich von der Marmeladen Manufaktur Nordfriesland.
Tiefen-Salz aus Natursole von der Saline Luisenhall GmbH, Göttingen.
KOHLosseum-Kräuterkäse von der Feinkäserei Sarzbüttel.
Kräutermischung vom KOHLosseum, Wesselburen. www.kohlosseum.de
Wischmann's Hofladen, Norderwöhrden.
Norddeicher Rapsöl vom Hof Witthohn, Norddeich.

Bibliografische Information der Deutschen Nationalbibliothek

Die Deutsche Nationalbibliothek verzeichnet diese Publikation in der Deutschen Nationalbibliografie; detaillierte bibliografische Daten sind im Internet über http://dnb.dnb.de abrufbar.

Gesammelt und ausprobiert vom Kochstudio ppfotodesign Frauke Pump

Gesamtherstellung: Husum Druck- und Verlagsgesellschaft
Postfach 1480, D-25804 Husum – www.verlagsgruppe.de

ISBN 978-3-89876-789-7